Table des matières :

Préface

Si vous êtes en train de lire ce livre, c'est que la télépathie est un peu plus qu'une curiosité pour vous. Vous souhaitez la comprendre, mais surtout, développer en vous ces capacités spécifiques qui vous permettront de la pratiquer.

Vous pourrez le faire grâce aux techniques et aux exercices spécifiques contenues dans ce livre.

Cet ouvrage est basé en partie sur l'œuvre originale de William Walker Atkinson, réadaptée. Bien que décédé en 1932, ce chercheur reste une des références les plus connues sur le sujet, ayant effectué tout au long de sa vie des travaux importants sur la pratique de la télépathie.

Mais dans l'ouvrage que vous venez de commencer vous trouverez également d'autres références.

La communauté scientifique accorde une place de plus en plus importante aux travaux sur la télépathie et sur les autres phénomènes dits « paranormaux » : ceux-ci commencent à prendre de l'ampleur partout dans le monde et plus particulièrement aux Etats-Unis.

Je sais que vous êtes déterminé(e) à commencer votre apprentissage, mais avant tout je dois néanmoins vous avertir sur un point : la télépathie est une capacité (en partie innée et en partie acquise) qui implique une **discipline mentale** assez rigoureuse et qui demande de la **pratique**.

La transmission de la pensée ne se produira pas du jour au lendemain, surtout quand vous n'avez aucune expérience dans ce domaine.

C'est un peu comme un nouveau sport : vous devez d'abord apprendre les bases, les règles et consentir à effectuer patiemment les exercices requis avant de pouvoir afficher des performances éblouissantes.

Mais si vous êtes prêt(e) à faire les efforts requis, alors le jeu en vaut la chandelle, je vous assure.

Bonne lecture !

Richard Armand

Introduction : la télépathie, une histoire controversée

Jusqu'à récemment (disons quelques dizaines d'années), le public ignorait complètement l'aspect scientifique de la télépathie. L'étude des phénomènes télépathiques était considérée comme de la pseudoscience.

Mais aujourd'hui les scientifiques ont réuni assez de preuves pour pouvoir affirmer que la télépathie est bel et bien un fait scientifique.

Plusieurs ouvrages tentent aujourd'hui d'apporter de la lumière sur ces phénomènes. L'objectif n'est pas seulement de les comprendre, mais surtout de développer nos capacités mentales afin de pouvoir utiliser la télépathie.

Nous pouvons dire que le chemin parcouru a été long. Et il reste encore beaucoup à faire.

Penchons-nous un instant sur l'histoire des « pionniers » de la télépathie.

Bien que contestés, les phénomènes télépathiques ont suscité depuis toujours une très grande curiosité, voire une véritable fascination.

Il y a plus de 100 ans, un réputé scientifique anglais, Sir William Crookes (1832-1919) affirmait son grand intérêt pour ce phénomène. Il était convaincu que la télépathie, qu'il définissait comme « le transfert de pensées et d'images d'un esprit à un autre sans l'intervention de nos 5 sens », était possible.

Pour lui, l'information pouvait circuler d'une personne à une autre sans être communiquée d'une façon habituelle.

Mais ce phénomène devait absolument être envisagé sous un angle scientifique mesurable et pouvait être lié selon lui à des phénomènes physiques.

Selon lui, si la télépathie avait lieu, alors cela sous-entendait deux phénomènes physiques : le changement physique dans le cerveau de la personne (A) envoyant le message, et le changement physique du cerveau de la personne (B) qui reçoit le message.

Entre ces deux manifestations physiques, il devait exister une chaîne d'évènements responsables. Une telle chaîne d'évènement ne pouvait survenir qu'avec l'aide d'un moyen précis.

Selon lui, « tous les phénomènes de l'univers sont continuels et il est contre la science de faire référence à des forces surnaturelles. Il est mieux d'évoquer à ce point l'influence des vibrations du cosmos qui possèdent des attributs. »

Sa théorie reposait sur la modification des cellules nerveuses :

« Il est possible que les cellules nerveuses soient séparées par un vide qui s'agrandit durant le repos et qui diminue pendant l'éveil. La structure du cerveau et des terminaisons nerveuses est similaire. Il est donc possible de dire que certains nerfs du cerveau ont une fonction spéciale : celle de recevoir des impulsions électriques d'une autre personne par l'intermédiaire de vibrations cosmiques qui nous entourent constamment. »

Voilà déjà un début d'explication scientifique...

Camille Flammarion (1842-1925) célèbre astronome français, était également convaincu que le transfert de pensées et la télépathie étaient des phénomènes réels.

Il écrivait à ce sujet :

« Nous pouvons affirmer qu'un esprit peut influer sur un autre à distance sans l'intermédiaire de mots ou d'autres moyens de communication visible. Il semble déraisonnable de rejeter cette affirmation au regard des faits. Il n'y a rien de non scientifique d'admettre la possibilité d'influence d'un esprit sur un autre à distance.

C'est un simple fait, aussi crédible que l'existence de Paris, de Napoléon ou de l'oxygène... Il n'y a aucun doute que la force psychique du cerveau humain crée une vibration qui se transmet sur une longue distance et devient perceptible par des cerveaux en harmonie. »

Cette affirmation démontre que la science de la télépathie commençait à être reconnue par de grandes autorités de la science il y a déjà un siècle.

Mais comme nous l'avons dit, beaucoup reste encore à faire.

Nous allons nous pencher dans cet ouvrage sur la pratique de la télépathie, avec des exercices accessibles à tous.

Chapitre 1. Quelques expériences édifiantes

La science a prouvé que deux esprits peuvent communiquer parfois à plusieurs milliers de kilomètres de distance mais n'a pas encore pu expliquer la raison pour laquelle cela se produit.

La plus proche tentative pour formuler une théorie cohérente est la suivante : nous pouvons comparer l'esprit à un télégraphe sans fil, la transmission de pensée à travers l'éther étant similaire à la transmission d'électricité à travers l'air.

L'esprit d'un individu est tour à tour émetteur et récepteur d'information.

Lorsqu'une personne pense, des vibrations se créent dans le cerveau et très certainement des vagues de vibrations se produisent tout comme des influx électriques.

Des chercheurs ont mis en évidence une augmentation de la température dans le cerveau humain durant les périodes d'activité mentale intense, ainsi qu'un changement chimique constant dans la structure lorsque les cellules cérébrales sont actives...

Je suis sûr que beaucoup ont déjà fait l'expérience de la télépathie dans leur vie, sans doute même sans le savoir.

Quelqu'un vous a peut-être fait cette remarque :

« C'est exactement ce que j'allais dire, c'est fou !»

Presque tout le monde a un jour deviné ce que son interlocuteur allait dire avant même qu'il ne prononce un mot.

Il vous est probablement arrivé de penser à quelqu'un peu avant que cette personne apparaisse justement devant vous !

Vous pensez un jour à quelqu'un que vous n'avez pas vu depuis des années, et voilà que soudain, cette personne apparaît devant vous.
Ces évènements sont relativement communs, à tel point qu'ils passent presque inaperçus.

Pourtant, ils ne sont pas anodins...

Mark Twain, le célèbre écrivain (qui s'intéressait par ailleurs beaucoup aux phénomènes extrasensoriels) racontait dans un de ses articles comment il procédait pour expérimenter le phénomène télépathique :

Il écrivait une lettre à quelqu'un sur un sujet quelconque, il insérait la lettre dans l'enveloppe... et déchirait ensuite cette enveloppe en mille morceaux, sans l'envoyer.

Eh bien, il affirmait que dans un grand nombre de cas il recevait une lettre de la personne à qui était destinée la lettre détruite. C'était la Réponse à tout ce qu'il avait écrit dans la lettre déchirée et jamais envoyée !

D'autres personnes ont essayé cette expérience avec les mêmes résultats.

Voilà une première idée d'expérience que vous pouvez essayer vous-même sans beaucoup d'effort.

Au cours du 20ème siècle déjà, la Société Anglaise pour la Recherche Psychique[1] avait mené plusieurs expériences dans ce domaine et avait accumulée des preuves solides en faveur de l'existence de la télépathie.

Toutes ces expériences prouvent que les ondes de pensées activées par l'esprit d'une personne peuvent être reçues consciemment par l'esprit d'une autre personne.

---

[1] *La Société Anglaise pour la Recherche Psychique a été fondée en 1882 par un groupe de scientifiques de Cambridge. Son but était d'examiner de prétendus phénomènes paranormaux de manière scientifique et impartiale. Il s'agit de la première société de cette sorte dans le monde. Sa réputation très solide est confirmée par les personnalités célèbres qui se sont succédés à sa présidence : entre autres les philosophes Henri Bergson et H.H. Price, le Premier Ministre A.J. Balfour, Sir Oliver Lodge et Lord Rayleigh, ou encore le physiologiste et lauréat du Prix Nobel Charles Richet.*

Fait non négligeable, ces expériences ont été menées par les plus hautes autorités scientifiques d'Angleterre de l'époque - des scientifiques dont le jugement est catégorique.

Les expériences de Creery

Une des plus intéressantes expériences menées sous l'égide de la Société Anglaise a été réalisée par la famille du révérend. A.M. Creery, originaire de Derbyshire en Angleterre.

L'investigation a été effectuée après que M. Creery ait publié un rapport sur des expériences menées en compagnie de ses quatre enfants.

Dans ce rapport, il écrivait qu'il avait commencé à pratiquer une variation du jeu que l'on nomme « le jeu de la volonté » que l'on joue à plusieurs :

Un des membres du groupe quitte la pièce. Le groupe choisit alors un objet et le cache. Ensuite la personne revient dans la pièce et tente de retrouver l'objet, alors que le groupe concentre toute l'énergie de son esprit sur l'objet en question. Dans de nombreux cas, l'objet est retrouvé, et ce grâce à la télépathie.

Voici l'histoire de ces expériences, contée par Creery lui-même :

« Nous avons commencé par sélectionner les objets les plus simples qu'une pièce peut contenir ; puis nous avons remplacé les objets par des noms de ville, de gens, des dates, des cartes d'un jeu, des vers dans un poème, etc., toute chose que le groupe pouvait garder à l'esprit de façon simple et sans effort.

Les enfants se trompaient rarement. J'ai constaté qu'ils ont deviné 17 cartes que j'ai moi-même choisies de façon successive.

Nous avons très vite compris que le succès de l'expérience dépendait grandement de la constance avec laquelle les idées sont gardées dans l'esprit des participants, et aussi de l'énergie avec laquelle ils tentaient de transférer cette idée à la personne censée la deviner.

J'ai même invité les enfants des voisins à se joindre à nous. Ils ont montré des capacités similaires. Ce n'est donc pas un phénomène lié particulièrement à ma famille ».

Après avoir lu ce rapport de Creery, la Société anglaise entama alors une série d'expériences scientifiques qui durèrent pendant plus d'un an.

La plus grande prudence fût observée, pour éliminer les risques de tricheries, d'erreurs et d'influences extérieures. Les expériences furent conduites partiellement à la maison de Creery et dans des salles sélectionnées par les membres du comité scientifique d'investigation.

Après avoir désigné de façon aléatoire un des enfants, celui-ci était installé dans une pièce, accompagné d'un membre du comité pour éviter tout risque de tricherie.

Le reste du comité – installé dans une autre pièce - sélectionnait ensuite une carte du jeu ou bien écrivait un nom ou un nombre sur une feuille de papier.

Voici le résultat d'une de ces expériences, selon le rapport de la Société Anglaise :

« En revenant dans la pièce où nous nous trouvions, la petite fille, après une période de silence variant entre quelques secondes et une minute, nous disait exactement ce que nous avions sélectionné ».

Le rapport final affirma qu'en ce qui concernait des noms d'objets, l'enfant avait réussi 6 fois sur 14.

Dans le cas de petits objets se trouvant cachés dans les mains d'un membre du comité, il réussit 5 fois sur 13.

Pour deviner une carte sélectionnée, le taux de réussite était de 6 fois sur 13 et concernant la répétition des noms inventés au hasard par le comité, la réussite fut de 6 fois sur 10.

Une autre expérience fût rapportée :

« Un des enfants était envoyé dans une pièce voisine dont la porte était fermé. Le comité pensait ensuite à un objet se trouvant quelque part dans la maison et écrivait le nom de cet objet sur un papier. Le silence le plus strict régnait dans la salle du comité. Tous les membres pensaient silencieusement à ce mot.

Plusieurs secondes plus tard, la porte s'ouvrait et l'enfant réapparaissait généralement avec l'objet en question.

Aucune communication avec l'enfant n'avait été possible. De plus, les seules instructions données à l'enfant étaient de rapporter un objet. Nous avons choisi ainsi des objets très divers comme un peigne, ou une orange, l'enfant nous a rapporté les deux. »

Le rapport de la Société fait état 382 expériences réalisées : l'enfant devina l'objet 202 fois.

Les résultats de ces recherches attirèrent alors l'attention du Prof. Balfour Stewart, membre de la Société Royale.

Il affirma :

« La première fois où j'étais présent, l'enfant chargé de lire dans les pensées était dans une autre pièce. L'objet ou la chose sur laquelle le groupe se concentrait était écrit sur un

papier en silence, puis transmis de main à main par chaque membre du groupe.

Ensuite l'enfant était rappelé et dans l'espace d'une minute, la réponse revenait juste, dans la plupart des cas.

Les sujets concernaient les noms de villes, de personnages de conte de fées, les réponses étaient justes pour la plupart. »

Les expériences de Smith

Nous allons clore ce chapitre avec l'histoire incroyable de M. G.A Smith d'Angleterre qui lisait dans les pensées.

Parmi ses capacités incroyables, M. Smith était capable de reproduire des figures géométriques pensées par un groupe.

M. Smith était assis, un bandeau sur les yeux, dans une pièce désignée par le comité en charge des expériences, avec une feuille de papier devant lui. Un membre du comité était assis de chaque côté.

Un des membres du comité sortait ensuite de la pièce et derrière une porte fermée, dessinait une figure géométrique.

Il retournait ensuite dans la pièce pour la montrer au comité et également à M Douglas Blackburn, qui agissait en tant que émetteur, M. Smith étant le récepteur.

M Douglas Blackburn, les yeux fermés, prenait position derrière M. Smith, debout, à une distance de 2 mètres. Aucun contact n'était permis entre les deux.

M. Smith se concentrait ensuite de façon intense pendant quelques minutes et recevait l'impression d'une image mentale dans son esprit. Il tentait ensuite de la reproduire sur papier.

Dans cette série d'expériences, 37 dessins ont été faits au total.

Seulement 8 ont été considérés comme erronés, 29 fois M Smith dessinant correctement la figure géométrique.

Le comité rapporta qu'il avait pris toutes les précautions nécessaires pour éviter la tricherie.

En ce qui concerne les 8 cas d « d'échec », dans 4 cas M. Smith affirmait n'avoir reçu aucune image mentale.

Pour les 4 autres, les images étaient floues : ses dessins étaient donc déformés, mais pas entièrement faux, car ils se rapprochaient toujours plus ou moins de la réalité.

Pour être complètement sûrs des capacités de M. Smith, les membres du comité bouchèrent les oreilles de celui-ci avec du coton, attachèrent un bandeau autour de ses yeux et de ses oreilles, et enfilèrent même un sac sur sa tête...

Même dans ces conditions, il put reproduire les figures géométriques avec son succès habituel.

Nous pourrions évoquer encore d'autres expériences scientifiques, mais elles ne feront que vous conforter dans ce que vous savez déjà : la télépathie existe bel et bien.

Le plus intéressant pour vous désormais est d'expérimenter vous-mêmes.

Avec un peu d'entrainement, vous parviendrez à faire des expériences chez vous, entre amis, en « petit comité », mais peut-être aussi des démonstrations « publiques » comme celles décrites plus haut.

Chapitre 2. Les différents types de lecture de la pensée

La lecture de la pensée est divisée en deux catégories :

- La lecture purement télépathique (à des distances variant de quelques mètres à des milliers de kilomètres)

- La lecture avec un contact physique entre les deux partenaires (transmission dite « tactile » de la pensée)

Nous pouvons affirmer que les deux types de transmission sont de nature télépathiques, mais seulement le première est considérée comme « purement télépathique », car effectuée à distance, sans aucun contact et sans l'intervention d'aucun de nos 5 sens.

Le deuxième type de lecture fait intervenir un seul sens : le toucher, mais c'est un phénomène considéré néanmoins comme télépathique.

Ce n'est pas tous les jours que vous arrivez à transmettre une pensée précise à quelqu'un simplement en touchant son bras...

La transmission « tactile » de la pensée se fait par le contact physique de l'émetteur (agent actif) vers le récepteur (agent passif). Cela crée un canal de communication facilitant le passage des ondes de pensées.

Le transfert télépathique (« pur ») lui, se fait par le transfert d'ondes depuis l'émetteur vers le récepteur à travers l'éther.

Nous pouvons comparer ces deux types de transmission de pensée à deux types de communication téléphonique, avec fil et sans fil.

La transmission « tactile » de la pensée est généralement un procédé plus facile, raison pour laquelle elle représente une première étape pour vous dans l'apprentissage de la télépathie.

Sachez par ailleurs que les meilleurs télépathes sont ceux initiés d'abord à la transmission de pensée tactile. Cela semble être donc une étape clé pour un apprentissage de qualité.

Nous allons donc nous y consacrer en grande partie dans cet ouvrage qui s'adresse, je vous le rappelle, aux débutants dans l'art de la télépathie.

Attention :

De nos jours, certains pseudo-scientifiques et autres amateurs de spectacle confondent la transmission de pensée tactile avec des démonstrations publiques de prétendue « magie ».

Ces démonstrations sont souvent des tricheries pures.

Il n'y a que des charlatans pour prétendre par exemple « interpréter » les mouvements du corps de leur complice pour deviner un objet.

La vérité est que les muscles du corps n'ont rien à voir avec le passage de courants mentaux de l'émetteur au récepteur, tout comme ils n'ont rien à faire avec la transmission de sensations nerveuses du corps au cerveau.

Quand on veut fermer sa main, on envoie un courant électrique depuis son cerveau vers les muscles contrôlant la main. Le courant traverse le système nerveux, puis il est distribué aux muscles qui se contractent.

Les pensées se transmettent de la même manière.

Le cerveau de l'Emetteur, activé par sa volonté, envoie un fort courant à travers son système nerveux. Quand le courant parvient aux extrémités de ses doigts, il entre dans le système nerveux du Récepteur, influençant ses actions.

Le Récepteur étant dans une condition passive, réceptive, son cerveau n'envoyant pratiquement pas d'impulsions nerveuses, l'impulsion agit comme venant de son propre cerveau, mais à une intensité plus faible.

Voilà le secret de la transmission de pensée tactile, qu'on pourrait d'ailleurs appeler « lecture nerveuse de la pensée ».

<u>Petite précision :</u>

L'expérimentateur – en l'occurrence vous, si vous vous lancez dans ces expériences - constatera que lorsqu'il essaie de deviner un objet transmis par l'Emetteur, il va souvent oublier l'Emetteur.

Il va pratiquement oublier sa présence, car ce n'est pas la personne de l'émetteur qui est importante, mais ce qu'il est en train de transmettre. La transmission s'accompagne souvent d'une légère une sensation de flottement.

Il se sentira irrésistiblement attiré par l'objet choisi par l'émetteur, comme si une force extérieure l'y poussait. Il trouvera l'objet indiqué comme un aimant.

Son esprit occultera le contexte, seule sa volonté de trouver l'objet agira.

Ces expériences peuvent difficilement être expliqués en détail, mais vous apprendrez bientôt à les reproduire vous-mêmes.

Pouvez-vous devenir un bon télépathe ?

Je dirais que dans la plupart des cas, la réponse est oui, mais les résultats dépendent toujours de votre détermination et de votre pratique.

Dans ce livre, nous allons vous aider à développer vos capacités et devenir un lecteur (lectrice) de pensée tactile accompli.

Sachez que les exercices et les principes reproduits ici sont les mêmes qui ont été utilisé par les plus grands talents connus aujourd'hui dans le domaine de la télépathie.

Chacun peut devenir un bon lecteur, ou émetteur de pensée tactile, avec de la pratique.

Comme toute chose dans la vie, certaines personnes sont plus douées que d'autres, mais n'oubliez pas qu'il s'agit d'un don existant en chacun d'entre nous, il s'agit simplement d'apprendre à le développer.

Chapitre 3. Exercices de communication télépathique

Ces exercices ont deux rôles :

(1) ils vous permettent de commencer à pratiquer la communication par télépathie et

(2) ils renforcent vos capacités psychiques (et tous les mécanismes mentaux sollicités par la transmission de la pensée) et agissent donc comme une sorte de « gymnastique ».

Voilà pourquoi il est important de continuer à les pratiquer même si au début vous n'obtenez (ou vous avez l'impression d'obtenir) aucun résultat.

Je vous conseille vivement de les pratiquer d'abord avec quelques amis proches. Plus tard, vous pourrez songer à organiser des démonstrations de vos « talents télépathiques » en public, mais cela ne doit pas être votre motivation principale.

Grâce à une pratique régulière, vous gagnerez en confiance. Le succès aidant, vous vous sentirez de plus en plus à l'aise même quand des personnes inconnues sont présentes.

Commencez par choisir un ou plusieurs amis intéressés par la télépathie.

Ne choisissez pas des personnes réfractaires à ce genre d'expérience, car leur négativité influencera les résultats de votre pratique.

Choisissez donc un de vos amis(amies) comme émetteur et acceptez le rôle de récepteur.

Commencez votre pratique en établissant une bonne harmonie psychique entre vous et l'émetteur par la voie de la respiration rythmique.

Même si cette technique à été un peu délaissée par certains télépathes, croyez-moi, il est important de l'utiliser, car elle a un grand rôle à jouer et contribuera à vous faire obtenir de très bons résultats.

Le terme « bonne harmonie » est fréquemment utilisée dans les ouvrages de sciences psychiques, parapsychiques et même occultes. Cela sous-entend « une vibration harmonieuse avec autrui ». Mais il n'y a là rien de très compliqué.

Chaque personne possède son propre rythme de vibration mentale qui, lorsqu'une bonne harmonie s'établit entre deux individus, permet de « s'accorder » aux vibrations de l'autre et favoriser ainsi la production d'un phénomène mental ou psychique.

Cette vibration harmonieuse ne veut pas nécessairement dire que deux personnes doivent être exactement sur la même vibration mais qu'ils doivent être en harmonie.

La comparaison des notes de la gamme musicale illustrera bien ce principe.

Quand deux personnes sont en bonne harmonie, il y a un équilibre mental et psychique entre eux, il n'y a pas de fausses notes, il n'y a pas de dissonance, ce qui favorise une bonne coopération mentale.

La synchronisation respiratoire

La respiration - et plus précisément la respiration rythmique -est reconnue comme étant un des facteurs importants de tout phénomène psychique, elle est utilisée par tous les praticiens des phénomènes extrasensoriels, mais aussi par des thérapeutes, des psychologues, des psychiatres, des hypnotiseurs, des mentalistes, etc ., bref, par tous ceux qui s'intéressent de près ou de loin aux pouvoirs de notre esprit...

La respiration rythmique consiste à respirer avec un rythme mesuré, régulier et lent.

Vous pouvez compter jusqu'à 3 (ou 5) pendant les inspirations, et faire la même chose pour les expirations, par exemple. Cela vous assure une régularisation de votre souffle.

Voici un exemple : inspirez lentement, comptez mentalement un-deux-trois-quatre et retenez votre respiration en comptant un-deux, puis expirez lentement en comptant un-deux-trois-quatre.

L'inspiration devrait être de la même durée que l'expiration, et le temps de pause entre les deux doit correspondre à la moitié de cette durée.

Certains praticiens expérimentés se calquent sur leurs battements de cœur, mais ce n'est pas une nécessité.

La clé de la respiration rythmique est de respirer avec un rythme parfaitement synchronisé.

Techniquement, il suffit de respirer rythmiquement 4 à 7 fois pour créer les conditions propices à un exercice de télépathie.

Astuce :

Durant un exercice, si vous sentez la force de l'émetteur faillir, vous devriez vous arrêter et lui demander de respirer à l'unisson avec vous pendant un moment, puis reprendre le travail.

Respirez plus fort que lui, il pourra ainsi synchroniser sa respiration avec la vôtre, sans que vous n'ayez à lui enseigner la technique exacte de la respiration rythmique. Dites-lui seulement de respirer de façon synchronisée avec vous.

Commencez chaque exercice de télépathie avec cette synchronisation respiratoire, vous verrez que cela produira pour chacun de vous une paix mentale et une concentration de meilleure qualité, qui aidera à la transmission de pensée.

Nous n'allons pas mentionner cette respiration rythmique pour introduire chaque nouvel exercice, mais rappelez-vous que cela doit devenir un réflexe, faisant partie de votre « routine ».

Bien sûr, les résultats sont possibles même sans la synchronisation respiratoire, mais ce sera plus difficile.

Finissez toujours la phase de synchronisation respiratoire en respirant 2 ou 3 fois librement, sans être à l'unisson avec votre émetteur.

Avant de commencer...

Deux choses sont nécessaires pour tout exercice télépathique :

- l'émetteur doit identifier une idée claire (ou un objet, un mot, etc.) et la fixer aussi clairement que possible dans son esprit. Toute sa volonté doit se concentrer ensuite sur le fait de transmettre cette idée à l'esprit du récepteur (non pas à « la personne » du récepteur mais à son esprit (c'est une nuance importante).

- le récepteur (vous) doit permettre à son esprit de recevoir une suggestion de la part de l'émetteur, sans que sa propre volonté ou un quelconque raisonnement logique se mette en travers de la communication.

Exercice n° 1 : Localiser un endroit

Commencez par vous bander les yeux, après vous être assis à côté de l'émetteur, à sa droite.

Dites-lui de choisir un coin de la pièce, sans qu'il donne aucun indice à propos de son choix.

Laissez-le se concentrer sur cet endroit, oubliant toute autre partie de la pièce.

Ensuite, faites-lui prendre votre main gauche avec sa main droite, et guidez sa main vers votre front. Maintenez sa main contre votre front quelques instants, juste au-dessus de vos yeux.

Demandez-lui ensuite de se diriger « mentalement » vers le coin de la pièce qu'il a choisi, de s'imaginer en train de se déplacer vers cet endroit. Il doit constamment projeter sa volonté vers cet endroit.

Il ne doit pas se contenter simplement de se composer une image mentale du coin choisi, mais surtout penser au mouvement, à la direction, comme si toute son énergie se déplaçait, entrainant avec elle votre énergie.

Tout en se dirigeant mentalement vers ce coin, il doit essayer de vous emmener avec lui, toujours mentalement, comme si vous marchiez côte-à-côte.

Vous, le récepteur, devez demeurer dans une position détendue, sereine, dans un état d'esprit réceptif. Essayez de chasser les pensées parasites et acceptez d'être dirigé mentalement par la volonté de l'émetteur.

Un mot sur vos rôles respectifs :

Votre partenaire dans ces exercices est le facteur actif et vous le passif.

Cela ne veut pas dire que son rôle est plus important. Actif et passif ne sont que deux moitiés d'un ensemble, avec des rôles tout aussi importants. Il est le Yin, vous êtes le Yang, il est la nuit, vous êtes le jour, il est le chaud, vous êtes le froid, etc. L'un ne peut pas exister sans l'autre.

C'est la force de sa volonté ET la force de votre réceptivité qui feront de votre exercice un succès ou non.

Fermez vos yeux, même si vous portez un bandeau, pour que votre état d'esprit reste réceptif, car même les plus faibles filets de lumière que vous pourriez apercevoir seraient suffisants pour vous distraire.

Vous devez isoler complètement votre vue, et ne surtout pas chercher à voir.

Levez-vous tout en gardant la main de l'émetteur dans la vôtre. Celui-ci vous suivra dans tous vos déplacements mais il n'interviendra d'aucune manière.

Restez debout silencieusement pendant quelques instants.

Essayez de capter l'esprit de l'émetteur qui est en train de faire la commande mentale : «va là-bas, va là-bas ! ».

Après un certain temps d'attente réceptive, vous allez commencer à ressentir le besoin de bouger.

Obéissez à cette impulsion et faites un premier pas. Celui-ci est en généralement exécuté dans la direction opposée à l'endroit en question.

L'idée de ce premier pas est de « commencer ». Alors que vous faites un pas, puis deux, vous allez ressentir une impulsion de plus en plus claire vers le bon coin de la chambre et vous changerez de direction plusieurs fois avant de finalement vous décider vers un endroit et un seul.

(Avant cet exercice, veillez à écarter les meubles qui pourraient constituer des obstacles...)

Ne soyez pas trop impatient(e), car vous êtes en train d'apprendre à recevoir des images et des suggestions mentales.

Prenez votre temps. Avancez un pied vers l'avant, hésitez, basculez le poids du corps vers le talon de l'autre pied, puis rebasculez vers l'avant, etc.

Ce basculement du poids du corps est une astuce qui vous aidera à identifier, à ressentir les impulsions, une « envie » de marcher dans une certaine direction. Ces impulsions se préciseront avec le temps et la pratique.

Généralement, en quelques minutes vous prendrez conscience de la direction vers laquelle la volonté de l'émetteur tente de vous diriger.

Il est difficile de décrire la sensation exacte que vous allez ressentir, il n'y a que la pratique qui puisse rendre les choses claires pour vous.

Suivez vos impulsions et vous allez bientôt percevoir la commande mentale vous disant : « Par ici, par ici - non, pas par-là, par ici » jusqu'à ce que vous parveniez à l'endroit désiré.

Vous saurez que vous y êtes lorsque vous ressentirez la commande : « C'est ça - arrête-toi ci - c'est le bon endroit ».

Quand vous marcherez dans la bonne direction, vous ressentirez le message « oui, bien, c'est la bonne direction » et quand vous marcherez dans la mauvaise direction, vous percevrez le message disant : « Non, pas par là - par ici, viens par ici, viens ! »

Avec de la pratique, vous serez de plus en plus sensible à ces vagues de pensées servant de guide, et vous agirez par rapport à elles presque automatiquement.

La pratique aiguise vos facultés de perception. Au bout de quelques semaines de pratique, certaines personnes parviennent à se diriger vers l 'endroit sélectionné du premier coup, parfois au bout de quelques secondes à peine.

Si vous pratiquez cet exercice avec plusieurs partenaires différents, vous constaterez très vite que les résultats sont également très différents. Selon les différentes capacités de concentration des émetteurs, vous obtiendrez des résultats plus ou moins bon.

Certains vous enverront des messages tellement clairs et compréhensibles que vous aurez besoin de quelques secondes seulement. D'autres émetteurs auront une concentration faible et leurs messages seront flous.

Il est très conseillé de pratiquer ces expériences avec plusieurs personnes différentes, afin de noter justement ces différences et d'affiner vos perceptions.

Votre objectif n'est pas d'être à l'unisson avec un seul émetteur, mais bien de développer une sensibilité qui vous est propre, quelle que soit la personne en face de vous.

Ajustez le tir

Néanmoins, si vous travaillez avec un émetteur dont la volonté est un peu « paresseuse » et qui vous envoie des messages faibles, n'hésitez pas à lui faire remarquer qu'il doit renforcer sa volonté.

S'il partage la même passion que vous pour cette pratique télépathique, il ne prendra pas mal votre remarque, mais saura au contraire que cela est constructif.

Si vous effectuez des exercices répétés avec un même émetteur qui a une volonté faible et que les résultats tardent à se présenter, n'hésitez pas à changer de partenaire. Si vous vous obstinez à continuer la pratique de la télépathie avec un partenaire qui ne vous convient pas, vous ne faites que perdre votre temps (et celui de l'émetteur aussi par la même occasion).

Votre mot d'ordre dans cette pratique ne doit pas être de vous amuser entre amis ou de faire plaisir à quelqu'un (bien que cela puisse être plaisant), mais d'avancer, de progresser, de renforcer vos capacités télépathiques et obtenir des résultats concrets.

Pratiquez cet exercice de localisation d'un endroit avec plusieurs émetteurs différents mais aussi dans plusieurs endroits différents, selon les opportunités : chez vous, ou chez une autre personne, dans une maison inconnue, ou dans un hôtel, etc.

Ne vous découragez pas si les résultats n'apparaissent pas tout de suite. N'oubliez pas que la pratique régulière est essentielle comme dans toute chose, mais que la patience a aussi son rôle à jouer.

Vous n'obtiendrez jamais des résultats identiques à une autre personne, chacun de nous a des capacités uniques. Ce qui importe c'est d'avancer à votre rythme.

Très important également : ne forcez pas votre esprit à continuer la pratique si vous sentez que ce n'est pas le bon moment, ou que vous n'êtes pas dans la bonne disposition.

Un jour vous pouvez faire de gros progrès et obtenir des résultats, alors que le lendemain, vous pouvez ne rien ressentir et avoir l'impression que votre esprit est opaque. Ne vous obstinez pas dans ces cas-là, arrêtez tout et reprenez un autre jour.

Note :

Vous pouvez varier cet exercice en maintenant simplement un contact entre votre main et celle de l'émetteur, mais pas forcément à hauteur de votre front.

Certains trouvent que ceci est plus efficace, car plus reposant pour le bras, tandis que d'autres préfèrent la méthode originale. Le même principe s'applique au deux cas, ce n'est qu'une question de préférence personnelle.

Exercice n°2 : Localiser de grands objets

Pour cet exercice, vous allez devoir trouver de grands objets dans la pièce, tels que des chaises, tables, etc.

Faites comme dans l'exercice précédent, mais arrivé à l'étape ou vous vous levez, enlevez le bandeau placé sur vos yeux.

Restez debout quelques instants et regardez autour de vous. Balayez du regard les grands objets de la pièce, en essayant de ressentir une impulsion, une envie d'aller dans une direction ou une autre.

Dans cet exercice, vous ne ressentirez pas seulement une impulsion de déplacement, mais aussi une sorte d'attraction subite vers un objet ou plusieurs. Au fil de vos déplacements, cette attraction se précisera.

Exercice n°3 : Localiser de petits objets

Après avoir maitrisé l'exercice n°2, dites à votre émetteur de sélectionner des petits objets comme un livre, un objet décoratif sur une table, etc.

Comme précédemment, variez les objets et les endroits, diversifiez les expériences autant que possible.

Exercice n°4 : Localiser des objets cachés

Vous passerez désormais à l'étape suivante, plus complexe : trouver un objet caché par votre partenaire « émetteur »

Invitez-le à choisir un petit objet, tel qu'un porte-clés, un bijou, une montre et de le cacher dans une pièce tandis que vous vous attendez à l'extérieur. Votre objectif sera bien sûr de trouver l'objet.

L'expérience démonte que ce type d'exercice reste sans résultats les 4-5 premières fois. Vous devez persévérer Entrainez-vous avec une grande variété d'objets et notez si vos résultats sont meilleurs avec un certain type d'objet.

Variez également les endroits. Par exemple, suggérez à votre émetteur de cacher une clé dans un livre, sous un tapis, derrière un tableau, dans des endroits difficiles à deviner.

Durant les expériences, il doit s'appliquer à vous faire parvenir les messages mentaux sous forme de « directions » : « plus haut » ; « plus bas » ; « vers la droite » ; « vers la gauche », etc.

Pour trouver un objet caché, la première chose à faire est de faire fonctionner son intuition, sa première intuition. Petit à petit, celle-ci se précisera et se laissera guider par les pensées que vous captez en provenance de votre émetteur.

Lorsque vous ressentez une intuition dès le début de l'exercice, dès que votre partenaire a fini de cacher l'objet, vous saurez que votre entrainement a porté ses fruits.

Plus tard, vous serez capables de reproduire ces expériences en présence d'un public, en choisissant votre émetteur parmi des personnes inconnues ou parmi des amis qui n'ont aucune expérience de la télépathie.

C'est effectivement une étape encore plus complexe de votre pratique, que je vous invite à étudier dans le chapitre suivant.

Peut-être que vous n'êtes pas quelqu'un qui aime se montrer en public ou peut-être que vous êtes plutôt timide.

Vous me demanderez alors « à quoi servent les démonstrations publiques de la télépathie ? » Pourquoi s'y contraindre ?

Eh bien cela ne sert pas tellement à amuser les autres ou à « se donner en spectacle », cela sert surtout à renforcer vos capacités.

En effet, vous entraîner avec une personne inconnue ou avec quelqu'un qui n'a pas les mêmes connaissances que vous de la télépathie stimule grandement vos capacités.

Tout d'abord, cela vous apprend à être à l'aise en présence de n'importe qui et à vous concentrer sur vos pensées et sur votre « mission mentale », quelles que soient les circonstances.

Ensuite, cela vous entraîne à capter et à déchiffrer les messages mentaux et les pensées transmises par des tiers avec lesquelles vous n'avez pas l'habitude de travailler.

Chaque transmission de pensée est unique, chaque émetteur est unique. Il est très utile pour vous de travailler avec des émetteurs aussi variés que possible.

Mais rassurez-vous, cela ne doit pas être une corvée, c'est simplement une étape que vous devez aborder sereinement et avec plaisir. Ces « démonstrations publiques » vous permettront en fin de compte de vous divertir un peu en compagnie de vos amis et de leur faire partager votre passion pour la télépathie.

Chapitre 4. Les exercices télépathiques en public

La préparation

Avant de vous produire en public, il est conseillé de ne jamais négliger la préparation par la respiration synchronisée.

Vous ne parviendrez jamais à maitriser la discipline de la télépathie sans maitriser parfaitement les bases. Et ce n'est pas parce que vous travaillez avec un partenaire nouveau que vous devez vous priver d'une préparation sérieuse.

Par ailleurs, si les exercices en public vous inquiètent un peu, entraînez-vous tout d'abord à les pratiquer avec un public imaginaire, devant une rangée de chaises vides, en imaginant que plusieurs personnes sont assises dessus.

Travaillez avec un votre émetteur habituel, qui occupe une seule chaise et qui cache un objet minuscule - par exemple une aiguille - sur une des chaises présentes.

Quand vous êtes prêt(e) à faire un exercice de télépathie en présence de plusieurs personnes, je vous conseille de présenter l'exercice au préalable, en expliquant à votre public - même s'il est composé seulement de deux ou trois personnes - que leur entière coopération est requise, car le succès de ces expériences dépend en égale mesure de vous et des participants.

Vous leur demanderez donc de bien vouloir éviter de discuter pendant l'exercice, de répondre au téléphone, de rire, de chuchoter ou de faire des bruits qui empêcheraient l'émetteur et le récepteur que vous êtes de se concentrer sur la transmission de la pensée.

Prenez conscience que pendant l'exercice, l'esprit et le mental de toutes les personnes présentes interfère. Idéalement, la volonté et la concentration de tous devrait être en dirigés vers vous et vers l'objectif que la prestation réussisse.

Faites de votre mieux pour faire passer ce message à votre public, pour vous assurer les meilleures conditions possibles. Si votre public est conquis par votre démarche et qu'il est d'accord pour vous aider, vos chances de réussir augmentent considérablement.

Vos partenaires :

Vous demanderez à votre public de choisir ensemble un objet qui sera caché dans la pièce.

Vous aurez besoin d'un « émetteur » et d'un « accompagnateur »

Vous sortirez de la pièce accompagnée d'une personne qui vous bandera les yeux (« l'accompagnateur ») et qui s'assurera qu'il n'y a aucune tricherie possible. Pendant ce temps, votre public choisit l'objet et le cache.

Revenez ensuite dans la pièce et désignez parmi les personnes présentes quelqu'un qui sera votre « émetteur » de pensée. Ne faites pas votre choix d'une manière rationnelle, essayez simplement de suivre votre instinct et de choisir quelqu'un avec qui vous ressentez une bonne harmonie sur le moment.

Déroulement de l'exercice

Comme nous l'avons vu précédemment, nous abordons ici la lecture de pensée dite « tactile ». Vous aurez donc besoin d'un contact permanent avec votre émetteur.

Une fois que tout est mis en place et que vous avez choisi votre émetteur, vous prendrez sa main et tenterez (comme dans les exercices du chapitre précédents) de capter ses indications mentales (« à droite », « à gauche », « derrière », « devant », etc).

Bien évidemment, votre émetteur doit s'abstenir de vous donner un quelconque indice subtil par des mouvements de sa main.

Adoptez une attitude complètement passive, accueillez les impressions mentales. Vous commencerez bientôt à ressentir une « résistance » mentale à l'égard de certaines directions et un désir de vous déplacer vers d'autres.

6 Idées d'exercices de télépathie en public

Exercice 1 : Trouver un endroit

Commencez par inviter votre public à choisir non pas un objet à retrouver, mais une partie de la pièce. C'est une version simplifiée de l'exercice, qui vous permettra de prendre confiance.

Exercice 2 : Trouver une personne

Invitez votre public à choisir non pas un objet mais une personne parmi eux. Vous travaillerez dans ce cas avec un émetteur « collectif » : toutes les personnes présentes essaieront de vous transmettre quelle est la personne désignée.

Placez-vous debout devant le groupe (parfois, tendre les mains devant vous aide à mieux percevoir les vibrations du public, mais cela n'est pas nécessaire). Fermez les yeux et essayez de ressentir une direction.

Lorsque vous pensez avoir reçu un message et que votre intuition vous dit « c'est la personne A », fixez votre attention et votre volonté sur cette personne uniquement.

Si ce n'est pas la bonne personne, vous percevrez des pensées d'erreur (« fausse route », « ce n'est pas elle »).

Si c'est la bonne personne, les indices vers sa direction sembleront se multiplier et vous aurez l'impression que la tension dans la pièce diminue.

Exercice 3 : Trouver un objet

Invitez le public à sélectionner un petit objet de grande taille (pas un minuscule bijou) qui est visible pour tout le monde dans la pièce.

Votre mission consistera à le trouver en utilisant les instructions déjà indiquées. La règle est identique. Quand vous arriverez au bon endroit, vous ressentirez une impression de « c'est presque ça » venant de l'esprit de votre transmetteur.

Baladez votre main au-dessus de plusieurs objets que votre intuition vous indique. Si c'est le bon objet, vous recevrez une « image mentale » plus forte que les autres.

La règle est la suivante : toujours suivre la force de résistance mentale la plus faible. C'est là où vous ressentez le moins de « résistance », « d'opposition mentale » que vous devez vous arrêter.

Exercice 4 : Les fleurs

Cet exercice est également connu sous le nom « d'hommage floral ». Un bouquet de fleurs se trouve sur une table dans la pièce où vous effectuez cet exercice.

Choisissez un jeune homme dans l'assistance et laissez-le choisir à son tour une partenaire féminine à qui il veut bien offrir les fleurs.

Vous devrez vous retirer de la pièce avant qu'il ne choisisse la jeune femme et qu'il mentionne son nom et sa position au public.

En revenant de la pièce, votre mission sera de « deviner » qui est la femme choisie.

Prenez le bouquet et prenez la main de votre émetteur et procédez comme précédemment pour trouver la jeune femme et lui donner les fleurs.

Bien sûr, cet exercice est simplement une variation de l'exercice consistant à trouver une personne. Mais attention, il est plus intéressant de par la signification du geste (offrir des fleurs). En effet, entre l'homme et la femme qui participent à ce jeu, il peut s'installer une émotion plus ou moins légère qui augmente l'intensité du message mental que vous percevez.

Exercice 5 : Trouver l'aiguille

Dans cet exercice, il ne s'agira pas de trouver une aiguille dans une botte de foin mais presque...

Pendant que vous êtes absents de la pièce, votre public devra désigner une personne dans le groupe. Cette personne prendra une aiguille ou alors une punaise (ou une épingle, ou n'importe quel autre petit clou facile à enfoncer) et ira l'enfoncer quelque part dans la pièce, soit dans un mur soit sur un rideau, sur un tapis, etc.

Il mémorisera précisément cet endroit, puis enlèvera l'aiguille et la gardera sur lui (elle).

Lorsque vous reviendrez dans la pièce, c'est cette personne qui sera votre émetteur.

Comme précédemment, vous prendrez sa main et tenterez de retrouver l'endroit où la punaise était plantée. L'émetteur se remémorera mentalement le chemin parcouru et se concentrera sur l'endroit précis qu'il avait choisi.

Exercice 6 : Trouver le « voleur »

Dans cet exercice, vous aurez besoin de la participation de trois personnes. La première jouera le rôle du « voleur » qui dérobe un petit objet (un bijou, une montre, etc.) à la deuxième personne qui jouera le rôle de la « victime ».

La troisième personne sera tout simplement un observateur qui vous servira d'émetteur.

La « distribution des rôles » se fera bien sûr alors que vous n'êtes pas présent. Le « voleur » cachera l'objet en question dans sa poche et tout le monde reprendra sa place.

Lorsque vous revenez dans la pièce, votre rôle sera de trouver – à l'aide de l'émetteur - le voleur et sa victime.

Vous procéderez comme dans les exercices précédents, en gardant le contact avec la main de votre émetteur et en essayant de capter des « images mentales » à chaque fois que vous passez devant une personne de l'assistance.

Quelques conseils pour la pratique de ces exercices :

1. N'essayez pas d'effectuer trop d'exercices à la fois, ni de les mélanger. Lorsque vous organisez une petite réunion conviviale avec vos amis dans le but de

pratiquer la communication télépathique, contentez-vous d'un seul type d'exercice, ou deux maximum. Il ne sert à rien de solliciter excessivement votre esprit, ainsi que celui de votre émetteur (de vos émetteurs) éventuels.

2. Ne pratiquez jamais si vous êtes fatigué. N'oubliez pas que vous débutez dans l'art de communiquer à distance, vous devez donc respecter les limites de votre corps et de votre esprit. Vous n'obtiendrez en aucun cas de bons résultats quand vous êtes fatigué et cela ne fera que vous décourager.

La pratique de la télépathie exige une bonne forme physique et mentale, tout comme une performance physique ou intellectuelle. Vous ne commenceriez pas une partie d'échecs avec un adversaire brillant si vous êtes épuisé, n'est-ce pas ? Il en est de même avec la télépathie.

3. Faites des pauses. Si au cours d'une série d'exercices vous sentez fatigué et vous sentez que votre esprit commence à « décrocher », faites une pause. Respirez profondément plusieurs fois, faites quelques mouvements des bras et quelques rotations des épaules pour réactiver la circulation sanguine et faire baisser la tension.

Ne vous inquiétez pas si au début de votre pratique vous vous sentez souvent fatigué. Cela est parfaitement normal. Progressivement, votre corps ainsi que votre esprit s'adapteront à cet effort de communication et vous arriverez à le faire en dépensant moins d'énergie.

4. Soyez patient(e). N'exigez pas de vous-même d'obtenir des résultats immédiats, c'est quasiment impossible. Chacun progresse à une vitesse qui lui est propre, alors ne courez pas à tout prix après les résultats. Lorsque les bébés apprennent à marcher, ils ne le font pas tous au même rythme, mais ce qui est sûr c'est qu'ils y arrivent tous et que c'est un apprentissage qui leur servira toute leur vie.

Un mot à propos des émetteurs :

1. Si la personne jouant le rôle d'émetteur ne parvient pas à travailler correctement avec vous et que vous n'arrivez pas à obtenir les résultats souhaités, n'hésitez pas à le lui faire savoir.

Ce n'est pas une critique envers cette personne, c'est souvent une question de synchronisation et d'harmonie entre vous. Parfois il peut s'agir aussi d'une désynchronisation temporaire, due à des « humeurs » différentes.

Dans tous les cas, votre émetteur ne doit pas se sentir vexé, il pourra probablement être votre partenaire une prochaine fois.

N'hésitez donc pas à changer d'émetteur plutôt que de vous acharner à continuer les exercices avec le mauvais partenaire.

2. Votre émetteur doit prendre son rôle au sérieux et prendre du plaisir à vous accompagner dans cette démarche. Ne pratiquez pas la communication à distance avec une personne qui est simplement curieuse, mais qui « ne croit pas du tout » à la télépathie, ni avec quelqu'un qui tourne ces pratiques à la dérision.

3. Si votre émetteur semble avoir du mal à se concentrer (mais que vous ne souhaitez pas en changer), encouragez-le à focaliser son attention sur l'exercice que vous êtes en train de faire.

Parlez-lui doucement et calmement, redites-lui par exemple que la réussite de l'exercice dépend de l'intensité de sa volonté, de la qualité de sa concentration, etc. Encouragez-le à faire une pause s'il se sent fatigué et rassurez-le : vous lui faites entièrement confiance.

Cela contribue à une bonne entente entre vous et à une bonne harmonie vibratoire.

Communiquer sans contact direct

Comme je vous l'ai dit précédemment, nous sommes en train d'aborder ici la télépathie la transmission de la pensée dite tactile. C'est pour cela que durant tous les exercices précédents, vous avez gardé la main de votre émetteur dans la vôtre, à fin que le flux d'informations puisse circuler plus facilement.

Une fois que vous avez pratiqué tous ces exercices, vous pouvez néanmoins rajouter une difficulté supplémentaire et commencer à communiquer sans vous servir de ce contact direct des mains.

Comment ? En le remplaçant par un contact indirect.

Vous utiliserez pour cela un fil métallique d'environ 30 cm de longueur : votre émetteur le tiendra dans sa main droite et vous dans votre main gauche. Pour beaucoup de praticiens, cet accessoire remplace avec succès le contact direct avec un émetteur.

Certains utilisent à la place du fil métallique une règle en bois ou encore une canne en bois, etc. Le bois semble convenir au mieux pour cette pratique télépathique, évitez donc d'utiliser d'autres matières comme le plastique etc.

Dans le prochain chapitre de cet ouvrage nous allons passer à une étape plus difficile, nous allons donc aborder quelques exercices d'une complexité supérieure.

Chapitre 5. Exercices télépathiques complexes

Nous allons nous concentrer sur des pratiques plus compliquées que celles du chapitre précédent. Mais même ces difficultés peuvent être surmontées si vous pratiquez de façon régulière pour développer votre réceptivité.

Préparation

Vous appliquerez pour ces nouveaux exercices le même type de préparation que dans le chapitre précédent. Mais cette fois-ci, vous utiliserez des objets plus complexes, comme des jeux de cartes, des livres, etc. Vous découvrirez tout cela dans un instant.

Vous pourrez pratiquer cette nouvelle série d'exercices avec un contact direct (avec la main de votre émetteur), ou encore avec un accessoire comme une règle en bois (vu précédemment).

Exercice 1. Trouver une carte

Vous pouvez pratiquer cet exercice avec un seul partenaire qui sera votre émetteur ou encore en présence d'un public plus nombreux.

Prenez un jeu de cartes et éparpillez une vingtaine de cartes sur une table, face vers le bas, de manière espacée. Les cartes ne doivent pas être collées les unes aux autres.

En votre absence, votre émetteur devra choisir une carte qu'il pourra regarder, mais surtout il devra mémoriser son emplacement, sa position par rapport aux autres.

Mentalement, il devra visualiser la position des cartes sur la table et vous transmettre l'emplacement de la carte choisie.

Votre mission consistera bien sûr à trouver cette carte en vous laissant guider par votre réceptivité télépathique.

Prenez la main de votre émetteur (si vous utilisez le contact direct) et promenez l'autre main au-dessus des cartes, lentement, en essayant de percevoir des sensations et des indications mentales.

Comme précédemment, les messages que vous recevrez se présenteront souvent sous forme d'indications du type « non, non, tu es loin » ou « oui, c'est presque ça ».

Vous savez que vous vous approchez de la bonne carte lorsque vous ressentez que la tension baisse, que la résistance énergétique diminue (cela ressemble à une sensation de relaxation, de décontraction).

Exercice 2. Trouver un itinéraire

Comme le précédent, cet exercice peut se pratiquer avec un seul partenaire qui sera votre émetteur ou alors en présence de plusieurs personnes.

Placez une carte géographique sur une table (cela peut être le plan d'une région ou d'un pays).

Alors que vous êtes à l'extérieur de la pièce, votre émetteur (et éventuellement le groupe présent) décidera d'un itinéraire entre deux villes.

Votre mission, en revenant dans la pièce, c'est de trouver cet itinéraire en suivant les indications mentales de votre émetteur.

On vous informera toutefois de la ville de départ. Ensuite, en plaçant votre main au-dessus de la carte, vous vous concentrerez sur les sensations reçues et essayerez de trouver la ville de destination.

Exercice 3. Le livre

Votre émetteur et le groupe présent éventuellement devra choisir en votre absence un livre une page précise dans un livre. Il mémorise rare le numéro de la page et essaiera de fixer son mental sur ce numéro précis.

Votre mission consiste à trouver cette page : mettez le livre devant vous sur une table tournez lentement les pages (bien sûr, l'exercice durera moins longtemps si le livre n'a quelques dizaines de pages, évitez donc d'opter pour une encyclopédie, du moins au début...).

Arrêtez-vous un bref instant au-dessus de chaque page. Votre paume orientée vers la page, essayez de ressentir quelles indications vous sont transmises.

Si vous voulez rajouter encore un niveau de difficulté à cet exercice, vous pouvez demander à votre émetteur de choisir non seulement une page, mais aussi un mot écrit sur cette page.

Ainsi, une fois que vous aurez identifié la page en question, vous passerez vos doigts lentement du haut vers le bas du texte, en vous arrêtant brièvement sur chaque phrase afin de trouver le mot cherché.

Exercice 4. Dessiner un chiffre ou une figure géométrique

Les exercices suivants peuvent être réalisés soit avec un grand tableau noir fixé au mur, soit avec une grande feuille de papier posée à plat sur une table.

Si vous choisissez d'utiliser le tableau, vous devez l'utiliser en étant debout. Si vous optez pour la table, vous serez devant elle, debout ou assis sur une chaise.

Demandez à votre émetteur de choisir un chiffre ou un nombre (donnez une fourchette, par exemple de 0 à 20 ou de 0 à 9 dans un premier temps).

Placez-vous dans une position confortable pour écrire (devant votre tableau ou votre table) et demandez à l'émetteur de se concentrer sur le chiffre choisi.

Mais attention, au lieu de se concentrer sur la valeur numérique, cette personne devra surtout se concentrer sur la forme que prend ce chiffre quand on l'écrit ! Elle devra le visualiser en traçant mentalement ses contours.

Lorsque votre émetteur se sentir après, il devra essayer de vous transmettre cette image et la descente, telle une photo instantanée.

C'est ainsi que vous devez essayer de capter son message télépathique.

Rappelez-vous constamment que vous n'êtes pas en train de deviner un chiffre, mais bien de capter une image mentale dans sa globalité.

Cet exercice peut être reproduit avec une figure géométrique à la place du chiffre (par exemple un carré, un ovale, etc.) Vous pouvez évidemment passer ensuite à des exercices de traçage plus complexes, en vous essayant à des images d'animaux, de plantes ou de certains objets simples etc.

Rappelez-vous également le principe que nous avons déjà évoqué précédemment mais qui est encore plus important ici : la règle essentielle pour réussir la communication par télépathie c'est de suivre la voie de la moindre résistance mentale.

C'est lorsque vous sentez la tension mentale diminuer que vous savez que la volonté de l'émetteur se fait sentir et que vous êtes sur la bonne voie.

Chapitre 6. Pour aller un peu plus loin...

Dans les exercices décrits dans les chapitres de ce livre, nous avons vu que les impressions mentales « voyagent » d'un esprit à un autre à travers un canal de vibrations du système nerveux de l'émetteur et du récepteur.

En d'autres mots, la télépathie est similaire au « courant électrique » circulant à travers les câbles d'une station émettrice vers une station réceptrice.

Mais que se passe-t-il quand il n'y a pas d'émetteurs précis ? Pouvez-vous capter des messages provenant d'un émetteur que vous ne connaissez pas, ou simplement des messages provenant de sources inconnues ?

À ce sujet, beaucoup d'auteurs et de praticiens ont donné leur avis, et de nombreuses théories ont été formulées.

Ce qui est certain, c'est que toutes les expériences de télépathie semblent être liées à un organe précis situé dans notre cerveau et qui porte le nom de glande pinéale.

Cet organe est le point de départ de beaucoup de spéculations occultistes, mais ce n'est par le propos de ce livre. Il est vrai que la glande pinéale est mystérieuse, il est vrai que nous ne savons pas encore précisément quel rôle elle joue et pourquoi elle semble intervenir dans ces phénomènes qu'on qualifie de paranormaux.

La glande pinéale est une petite glande de la forme d'un cône de couleur rouge-gris, située à peu près au milieu du crâne, presque au-dessus de la haute extrémité de la colonne vertébrale.

C'est une masse compacte de matière nerveuse contenant une matière qui a été nommé « sable de cerveau », composée de petites particules de matière grisâtre.

Les occultistes tentent d'expliquer sa nature et son rôle ainsi : elle sert à la réception et à l'émission de courants ou de vibrations de pensées. En d'autres mots, la glande pinéale et serait ni plus ni moins que l'instrument de transmission de la pensée.

Ce n'est peut-être pas par hasard que la glande pinéale porte aussi le nom de « troisième œil atrophié » ou de « siège de l'intuition et du sixième sens ».

Mais si cela est vrai, ça voudrait dire aussi que pour capter des messages télépathiques nous n'aurions pas besoin d'un émetteur précis, nous serions capables de recevoir des messages de n'importe qui et sans forcément nous concentrer sur l'échange avec l'émetteur.

Eh bien, cela est certainement vrai dans une certaine mesure...

Il a été déjà démontré que certaines personnes sont capables de capter des communications télépathiques sans avoir un émetteur ou alors en recevant les messages de plusieurs personnes (voire de plusieurs « entités ») à la fois.

Cela nous amène à des phénomènes plus complexes, comme la clairvoyance ou l'écriture automatique.

En effet, l'écriture automatique n'est autre qu'une communication à distance et sans aucun support ni contact direct avec l'esprit d'une personne décédée.

Peut-on appeler cela de télépathie ? Non, il ne s'agit pas de télépathie à proprement parler, mais il est indéniable qu'une connexion à distance se produit.

Mon objectif dans cet ouvrage n'est pas de vous amener vers ces nouvelles expériences qui impliquent d'autres capacités (et certainement d'autres risques aussi).

J'attire simplement votre attention sur le fait que certains auteurs ou praticiens se servent de la télépathie comme « prétexte scientifique » pour des pratiques occultes qui ne sont pas toujours souhaitables, ni bénéfiques pour vous.

La télépathie telle que vous pouvez l'apprendre dans ce guide est sans risque et ne fait que favoriser votre ouverture mentale, renforcer votre concentration et développer davantage votre intuition.

Tout cela peut vous être utile ! Alors plutôt que de vous laisser tenter par des pratiques occultes, utilisez toujours la télépathie comme une pratique saine, comme un exercice mental et ne cherchez pas des extrapolations malsaines. En tout cas, tel serait mon conseil...

Conclusion

Pour conclure, j'aimerais vous rassurer : peu de personnes réussissent les expériences de télépathie dès les premières tentatives. Peu de personnes sont assez persévérantes est assez déterminées pour continuer l'étude et la pratique au-delà de la simple curiosité.

C'est aussi pour cela que les vrais télépathes sont si peu nombreux : développer un vrai don de télépathie suppose un travail assidu et une grande détermination. (Sinon ce serait trop facile...)

Mais si vous vous êtes donné la peine de lire ce livre, ne vous arrêtez pas là. La seule lecture de cet ouvrage ne vous apportera pas les résultats que vous voulez, mais la pratique pourra le faire.

Les exercices que vous avez trouvés dans ce guide vous donnent une excellente base pour débuter et pour goûter aux premières satisfactions de la télépathie, notamment de la transmission de pensée dite « tactile », qui est la plus facile à réaliser.

Effectuez-les avec régularité et les résultats ne tarderont pas à se manifester.

Printed in Great Britain
by Amazon

47315283R00040